すみっコぐらしコレクション
BOOK

shufu to seikatsusha

すみっコぐらしコレクションとは？

電車に乗ればすみっこの席から埋まり、
カフェに行ってもできるだけすみっこの席を確保したい……。
すみっこにいるとなぜか"おちつく"ということがありませんか？
さむがりの"しろくま"や、自信がない"ぺんぎん？"、
食べのこし(!?)の"とんかつ"、はずかしがりやの"ねこ"、正体をかくしている"とかげ"など
ちょっぴりネガティブだけど個性的な"すみっコ"たちがいっぱい。

そんなすみっコぐらしの世界を作って楽しめるぬいぐるみアイテムが
「すみっコぐらしコレクション」通称・すみコレなんです。
手のひらサイズのてのりぬいぐるみ、絵本みたいな物語が作れちゃうぬいぐるみ絵本、
着せかえが楽しめるおきがえすみっコなど、
これまでに出た「すみコレ」を一冊にぎゅ〜っとつめこみました。

つぶらなひとみにキュンとしたなら、
あなたのお気に入りのすみっこに、すみっこたちを連れていきませんか？

Contents

すみっコぐらしコレクションとは？ ……1

Sumikko　　すみっコぐらしのなかまたちをしょうかいします。……3

Ukiuki　　おでかけしたら うきうきスポットをたくさん見つけたよ★ ……18

Minnade　　みんなでおいしーものをさがしにいってきました。……22

Issho★　　すみっコたちが わだいのおそろコーデにちょうせん!? ……31

Kawaii　　おきがえすみっコでおめかしして レッツ、夢のスイーツパーティー♡ ……34

Kisetsu　　すみっコたちとすごす春夏秋冬♪ ……44

Omake　　撮影中のすみっコたちのオフショットをお届け★ ……98

● すみコレ インタビュー
　前編 ……25　　後編 ……38

● すみっコぐらしshopに
　あそびにいこう！ ……97

● すみっコぐらしコレクションがいーっぱい！
　すみコレ カタログ ……49

● すみコレBookオリジナル♪
　すみコレであそぼう★ ……101

とりおろし
-1-

Sumikko
すみっコぐらしのなかまたちをしょうかいします。

CHARACTER 01

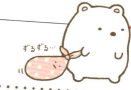

しろくま

北からにげてきた さむがりで
ひとみしりのくま。冬がにがて。
お茶やふとんなど あったかいものが大好き。
手先がきよう。

あしあと

だいじ

SIDE　BACK　SIDE

赤ちゃんのころ

すみっこで
あったかいお茶を
のんでいる時が
おちつく…

ひとみしり…

おそうじ しろくま

zz…

お料理
しろくま
いろいろ
きよう
おさいほう しろくま

CHARACTER 02

ぺんぎん？

自分は ぺんぎん？ 自信がない。
昔はあたまに おさらがあったような…。
自分が なにものか さがす日々。

あしあと

こうぶつ

SIDE　　BACK　　SIDE

しゅみは読書

!?
昔は
こんなかんじ
だったような…？

音楽も
好き♪

きゅうりが
大好物

いろいろ
かんさつしている

マイペース♪
自分さがしを
している

CHARACTER 03

とんかつ

とんかつのはじっこ。
おにく1% しぼう99%。
あぶらっぽいから のこされちゃった…。

あしあと

あげものの なかま

SIDE	BACK	SIDE

よくすずめに
ついばまれる

雨の日は
乾燥剤で
しっけとり

たまにあぶらのお風呂に入り
あげなおしている

じゅわ〜

ピンクのところが
1%の おにく

おいしくたべてね
とんかつコレクション★

とんかつカレー

おもちかえり

たこやき

串かつ

CHARACTER 04

ねこ

はずかしがりやで体型を気にしている。
気が弱く よくすみっこを ゆずってしまう。
けんきょで やさしい性格だけど
いつも気をつかっていて つかれてしまうことも。

あしあと

なかよし

SIDE

BACK

SIDE

なにかに かくれていると おちつく…

ねこのきょうだい

理想のすがた

スリムなフォルムと 長いしっぽに あこがれている

よくすみっこで つめをといでいる

ねこ缶・さかな・ねこ草が好き

とっても やさしい

CHARACTER 05

とかげ

じつは きょうりゅうの 生きのこり。
つかまってしまうので とかげのふりをしている。
みんなには ひみつ…。

あしあと　なかま

SIDE　BACK　SIDE

正体が
バレてしまうのでは…と
よくおびえている

おかあさんが
大好き♥

ひみつをもつ なかま。
ひみつをしっているのは にせつむりだけ

おさかなが
大好物

森で「とかげ」として
くらしている。
すみっコたちと
おへやのすみっこで
すごすこともと多い。

ひみつの
地下室
ベッド♪

MINIKKO 02

たぴおか

ミルクティーだけ さきにのまれて
すいにくいから のこされてしまった。

ブラックたぴおか
ふつうの たぴおかより
もっとひねくれている。

| SIDE | BACK | SIDE |

性格は
ひねくれもの

よく
らくがきをする

ごろ

ごろ

無表情…

たぴおかはたくさんいる…

たぴおかミルクティー
ごっこ

よくなにかの
まねをする

みかんになりきり

MINIKKO 03

ばしょとり

にもつ

ふろしきキャンディ

いろいろ
ふろしき
かつようじゅつ♪

レジャー
シート

ふろしき

しろくまのにもつ。
なにかと いろいろつかわれる。

おべんとう

MINIKKO 04

足は根っこで
足から水分ほきゅうしている

ブーケに
なる夢を
あきらめない！

おでかけ
ざっそう

ざっそう

いつか あこがれのお花屋さんで
ブーケにしてもらう！
という夢をもつ ポジティブな草。

ねぼけている
ねこに
ねこ草と
まちがわれて
かじられることも…

MINIKKO 05

FRONT　SIDE

うそをついてしまって
ちょっぴりうしろめたい…

にせつむり

かたつむりにあこがれて
カラをかぶったなめくじ。
すみっコたちみんなには
なめくじだとバレている。

よくカラ
じゃないものを
かぶっている

にせつむりキャンディ

きのこ
森でくらしている きのこ。
じつはカサが小さいのを気にしていて
大きいのをかぶっている。

にたものどうし？
なかよしに。

MINIKKO 06

SIDE　BACK

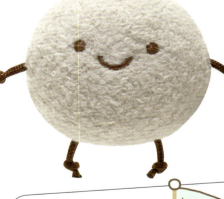

ごみ箱がおちつく？

ほこり

すみっコにたまる
のうてんきなやつら。

ぶんれつして
小さくなったり
あつまって
大きくなったりできる

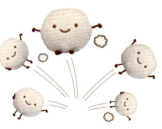

わた
だいじにされたぬいぐるみにだけ入っている
特別なわた。

MINIKKO 07

SIDE　BACK

とんかつの
ころもを
ついっ……

ついっ

冬毛すずめ

じ〜

ふろしきの中身が
気になるらしい…

ぱたぱた

そのへんを
とんだりしている

すずめ

ただの すずめ。
とんかつを気に入って
ついばみにくる。

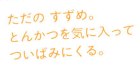

MINIKKO 08

SIDE　BACK

いらっしゃいませ…

まめマスターのコーヒーにほれて
喫茶すみっコでバイトをはじめた。

おもしろいことが好き。
口をひらくと
こわがられるので、
なるべくとじている。

おばけ

屋根裏のすみっこに すんでいる。
こわがられたくないので
ひっそりとしている。

まめマスター
喫茶すみっコのマスター。
口数が少ない。

MINIKKO 09

SIDE　BACK

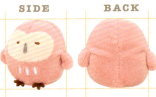

冬毛ふくろう

ふくろう

夜行性だけど なかよしのすずめにあわせて
がんばって昼間に おきている。
いつもねむくて 目の下にクマができている。

すずめと
なかよし♪

目がさめた時

たまにぱっちり目が
さめた時、
福をよびよせる
といううわさ

そのほかの
なかまたち

ETC. 01

SIDE　BACK

温泉につかると 赤ふじになる

初夢に出れば幸せになれる？
縁起のいい赤いやま

すなやま
ピラミッドにあこがれている
ちいさいすなやま。やまの ともだち。

やま

ふじさんに あこがれている
ちいさいやま。温泉にあらわれては
ふじさんに なりすましている。

櫛からのぞいてふじさんになりすまし

ETC. 02

SIDE　BACK

ガリガリ

ほかのすみっコたちの
まねをする

じーっ

はじめて見る
地上のすみっコたちに
きょうみしんしん

赤い長靴が
お気に入り

もぐら

地下のすみっこで くらしていた。
上がさわがしくて気になり
はじめて地上に出た。

 ETC. 03

SIDE　BACK

ぺんぎん(本物)とぺんぎん?

フレンドリーな
性格で
だれとでもすぐに
なかよくなれる

しろくまといっしょに思い出話

ぺんぎん(本物)

しろくまが北にいたころに出会った
ともだち。とおい南からやってきて
世界中を旅している。

ふろしき(ボーダー)
ぺんぎん(本物)のだいじなもの。
おみやげと思い出がいっぱいつまっている。

 ETC. 04

SIDE　BACK

とかげと
なかよし

あそびつかれて
うとうと…

とかげ(本物)

とかげの ともだち。森でくらしている
本物のとかげ。細かいことは
気にしない のんきな性格。

とりおろし
-2-

Ukiuki

おでかけしたら うきうきスポットをたくさん見つけたよ★

Special Photo shooting

お花にいっぱいであったよ

20

みんなであそぶと　うきうきするね。

とりおろし
-3-

Minnade
みんなでおいしーものをさがしにいってきました。

Shirokuma　Tonkatsu　penguin?

Tokage　Neko

ふっかふかの
パンを
みつけたよ。

お持ち帰りもできちゃう★

紅茶はいかが？

きゅうりはあるかな〜♪

すみコレ インタビュー

とくべつ企画 　**前編**

すみっコぐらしコレクションの制作チームから
6名のスペシャルインタビューの前編です。
アイテム誕生から制作秘話などたくさん話してくださいました。

インタビューに参加してくださった すみコレチームのみなさん の紹介

よこみぞゆりさん
「すみっコぐらし」の作者！

川﨑さん
てのりぬいぐるみ初期から
携わる立案のメインプランナー。
（とってもたよりになる！）

西田さん
「すみっコぐらし」誕生時の
初代プランナー。大ヒット
てのりぬいぐるみの生みの親。

しろいおもちさん
「すみっコぐらし」の
ディレクション担当兼デザイナー。
ときどき図面もひく。

酒田さん
あふれるアイデア。
元気な若手プランナー！

あぼかどさん
チームには2018年末から参加。
すみコレ専属デザイナー。
図面や校正の担当。

すみっコぐらしコレクションの制作チーム、6名のスペシャルインタビュー。
アイテム誕生から制作秘話、さらに今後の展望まで話してくださいました。

——みなさん、お集まりいただきありがとうございます。今回は「すみっコぐらしコレクション（以下・すみコレ）」について広く伺いたいと思っているのですが、すみコレ誕生について、まず教えていただけますか？

川﨑
「すみっコぐらし」のテーマシリーズを元にグッズを作るとき、マルチスタンドやティッシュカバーにてのりサイズのぬいぐるみがついていたことが始まりだったはずです。2つのものを組み合わせると、「あれ、なんか楽しいね」ってなったのがきっかけですね。

マルチスタンドぬいぐるみ。ソファはふかふか！

西田
「すみっコぐらし」にはキャラクターがたくさんいるのですが、みんないてこそだと思っていて。なので、普段作っている大きいサイズのぬいぐるみではなく、小さくてかわいく集めやすいサイズ…手乗りサイズのぬいぐるみを作りたいな、と考えたのがてのりぬいぐるみの始まりです。

——最初にてのりぬいぐるみの試作を見たときの印象は覚えていますか？

よこみぞ
最初は思っていた仕上がりにならなくて、小さなぬいぐるみを作るのは難しいと思いました。すみっコたちのフォルムは豆型なので、てのりぬいぐるみも最初は豆型で出そうとしていたんです。ぬいぐるみの真ん中にくびれがあったのですが、それが失敗の原因でしたね。型を卵型に変えたらかわいくなりました。

よこみぞさんがもっていた、初期のてのりぬいぐるみの試作画像！

西田
キャラクターにとって、ぬいぐるみがかわいくできるというのは大切なところなので、そこは大事にしました。その頃"ねこびん"がはやっていたので、てのりぬいぐるみも猫瓶に入れてディスプレイしてあったらお菓子っぽくてもっとかわいくなるかな？と思い、初期は猫瓶の中に入れて販売していました。

猫瓶は、ふたのできる広めの口がななめに付いている容器のこと。

——家具やシーンぬいぐるみなど、様々なすみコレが発売されていますがそれらのアイデア出しは初期と今とでは変わりましたか？

西田
昔はテーマに沿ったものを考えるという感じだったのですが、すみコレというジャンルができてからはアイデアが出しやすくなりました。

川﨑
最初はよこみぞの絵本『すみっコぐらし ここがおちつくんです』を見て、「これなら作れそう」というアイテムを探していました。

西田
一番最初の家具的てのりぬいぐるみは、「ぬくぬく湯ごもり」テーマの桶。どうしてもてのりぬいぐるみを桶に入れたいと思い、桶

すみコレインタビュー
とくべつ企画①

Part★1
すみコレチームの
すみ撮り写真

すみコレチームの写真フォルダから
とっておきの一枚をコメントと共に
紹介します！

集めたすみコレを自宅に飾ってみました。
いろんなすみコレ小物を
すみっコに試着させてみると、
この帽子意外とこのコにピッタリ…とか
ふたごコーデにしたらかわいいな〜など
新しい発見がたくさんありました♪

「残さないでね…」ってみてる。
食べ物と写ると
とんかつは映えますね。
つぶらな瞳が何か語っている
ようにみえてしまうのは
私だけでしょうか…？ と
思いながら撮りました。

photo by 川﨑さん

photo by 西田さん

はじめてのニューヨーク。出発前にとかげとパシャリ。

だけ売ってみませんか？と提案したら…ものすごく反対されました（笑）。でも、どうしてもてのりぬいぐるみを桶に入れて遊んでほしい！という思いが強すぎて、ゴリ推しをしたら企画が通って。

ぬくぬく湯ごもりテーマのてのりぬいぐるみ・桶と、桶に入ったてのりぬいぐるみ・ねこ。

 しろいおもち
初代プランナーの西田は新しい企画を作るのがすごくうまいんです。あと、強い意志をもっています。ぬいぐるみの革命家ですね。

 よこみぞ
たしかに、桶のぬいぐるみってすごいですよね。

 川﨑
本当、よく作ったよね…！（一同笑）
——西田さんの桶のように、これが作りたい！と思っているアイテムはありますか？

 しろいおもち
もっといろんなお洋服が出したいです。職業別とか。それでいつか大きい町を作りたい！ すみコレタウンみたいな。すみコレで4階建てくらいのビルとかあったらおもしろそう。

 よこみぞ
私もビルがいいな。今まで出たすみコレがキレイに並べられる大きいビルやおうちがあったら楽しそうだなと思います。すみコレはどれもすごく気に入っているので全部取っておきたいんですけど、今は箱に入れて保管しているので…飾ってあげたい！

 酒田
私は、西田や川﨑が土台としておもしろいものをたくさん作ってくれた後にチームに入ったので、どれだけ新しいものを切り開けるかが自分の中での課題。すみっコたちが集まってわいわいできるものを考えるのが好きなので、すみコレタウンを作るなら…その中で遊具のある公園が作りたいです。

あぼかど
私も町は作ってみたいです。車はすでにあるので信号機のある道路を作ったり、よりリアリティを追及したい。ジオラマのクオリティを上げられるアイテムを作りたいですね。男女問わず遊べるようなものをもっと作れたら、より楽しいかも。

すみっコぐらし3周年のてのりぬいぐるみ(ミニトラック)♪

川﨑
男の子に評判がよかったのは、小さなおうちシリーズのテント。実は、テントを作ろうと言ったのは男性上司なんですよ。開け閉めできるテントを作ったらどうかな？と言われ。今までのおうちと雰囲気が違うの

すみっコの小さなおうち・テント。扉は開け閉めできるよ★

でどうかな〜？と思っていたのですが、これがとても評判がよく。

西田
すみっコの世界に寄ったものもかわいいのですが、人間世界に寄ったというか、自分たちの家にありそうなものも人気です。リアリティがあるからかな？

酒田
ふとんもありますしね。

川﨑
これは西田が作りたいって言ったんだよね？

西田
そうです。『すみっコぐらし ここがおちつくんです』のワンシーンにあって、てのりぬいぐるみも寝かせたい！となり。

すみコレチームの すみ撮り写真

すみコレインタビューとくべつ企画①

Part★2

すみコレチームの写真フォルダからとっておきの一枚をコメントと共に紹介します！

photo by しろいおもちさん　みんなでキャンプにおでかけ。

photo by 酒田さん

すみコレ関連のお仕事でベトナム出張に行ったとき撮った写真です。「てのりぬいぐるみっていろんなものにマッチする絶妙なサイズだな〜」と思いながら撮りました。日本だけじゃなく海外でも映える、すみっコの可愛さすごい〜！

photo by あぼかどさん

残業中、机のすみから出てきて仕事を手伝ってくれた…らいいのになあと思いながら撮った一枚です。

よこみぞ
みんなで大きなふとんに入って一緒に寝ているやつですね。

川﨑
ぬいぐるみって…寝かせたくなりません？

一同
わかる〜!!

酒田
おでかけすみっコでもふとんを立案しましたが、桶同様に企画時点ではあまり評価が良くなかったんです。布団を持ち歩くのは斬新すぎだと（一同笑）。でも西田イズムを引き継いで、ゴリ推ししたところ…商品化することができました。とても気に入っています！

おやすみっコ

『すみっコぐらし ここがおちつくんです』p.13より

おでかけすみっコふとん

——みなさん、すみコレのアイデアはどういうときに思い浮かぶのでしょう？

川﨑
作りたいもののストックが常にあるので、制作のテーマが決まったときに今回はこういうものを作ろう！と出す感じですね。

酒田
毎日すみっコたちの顔を見ているので、浮かんだタイミングで自由帳に絵を描いたりメモをしたり。企画会議のタイミングで、そういえば前に思いついたやついけるな！って出したりしています。

川﨑
あとはテーマによって誰がメインになるか決まるので、キャラそれぞれの世界観に合ったものを作っていく。さっき話に出てきたような公園だったら、誰がどんな風に遊ぶんだろう。じゃあなにが必要かな？お洋服はどんなのがいいかな？と考える幅を広げていきます。

西田
実際に浮かんだアイデアを元に写真を撮ってみることも多いですね。でも写真を撮ったときに地面が無いのがいつも気になっていて。地面になにか敷くものを作りたいな…と考えて生まれたのが、ぬいぐるみ絵本なんですよ。

酒田
ぬいぐるみ絵本は地面だけじゃなく壁にもなっているのもあるので、マルチに遊べます。

壁に注目したい ぬいぐるみ絵本（ファッションすみっコ）★

西田
ぬいぐるみ絵本は置くと本みたいになるというのがポイントで。普通は商品タグをつけるのですが、より本らしくしたかったのでタグをやめて帯にしました。てのりぬいぐるみでいろいろ遊んでほしいという思いがあるので、これからもいろんなアイテムと組み合わせて楽しんでほしいですね。

←これが帯！

——すみコレに関わっていて嬉しかったことや驚いたことを教えてください。

西田
お店に行ったときに「かわいい！」と言ってくださっている声を聞いたり、てのりぬいぐるみを何個も持っていたり選んでくれている姿はいつ見ても嬉しいです。

しろいおもち
おでかけすみっコにてのりぬいぐるみを入れてカバンにつけてくれている姿を見て「持ってくれているんだ！」と感動しました。

よこみぞ
おでかけすみっコが出てから、すみコレアイテムを持っている人を多く見るようになりました。イベントでもよく見るので、見るたび嬉しいです。

インタビューは３８ページにつづくよ♪

すみコレインタビュー
とくべつ企画②

すみコレ制作工場に
ちょこっとせんにゅう！

すみっこぐらしコレクションの様々なアイテムを
作っている海外の工場に ちょこっとせんにゅう！
たくさんの人の手によって作られるすみコレには
あいがいーっぱいこめられてるよ♪

＼じゃーーん／

ひろーい工場でいろんなすみコレアイテムは作られているよ★

「すみっコハウスの作業中です。」

屋上に生えている木を一つ一つ
ていねいに縫いつけていきます。

「すべてのパーツがついたら仕上げの検査です。」

みんなでしっかりまちがいが
ないか確認しています。

OKが出たものは
きれいに箱の中へ並べます。

縫い終わった
ソファを
見つけました♪

「こちらは
ぬいぐるみ絵本」

こちらはぬいぐるみ絵本の仕上げ検査中。
ぬいぐるみ絵本は折りたためることが
ポイントなので要チェックです。

「てのりぬいぐるみ
検品中★」

てのりぬいぐるみ・とんかつの
検品中。並べて確認していきます。

キャラクターそれぞれを
ずらっと並べてチェックします。

検品はてのりぬいぐるみ同様、
並べて確認していきます。

ごろごろ

ごろごろ
えびふらいのしっぽ★

かんせい★

検品が終わった
ぬいぐるみ絵本がズラー！

工場のみなさん、取材のご協力ありがとうございました！

30

とりおろし
-4-

Issho ☆

すみっコたちがわだいのおそろコーデにちょうせん!?

Sumikkogurashi Collection

✓ SHIROKUMA ✓ PENGUIN? ✓ TONKATSU
✓ NEKO ✓ TOKAGE

→ だれがだれかわかるかな？

 → みんなおそろいでおしゃれしたら でかけなきゃ★

35

楽しいじかんは あっという間だね。

とくべつ企画 すみコレ インタビュー 後編

すみっコぐらしコレクションの制作チームから
6名のスペシャルインタビューの後編です。
気になるすみコレの今後の展開はどんなものでしょう?

インタビューは25ページからよんでね♪

──2018年12月に行われた「すみっコぐらし検定」では、受験者が会場にてのりぬいぐるみを一体持ち込めるという斬新な取り組みもありましたね。

よこみぞ
試験が始まる前に教室を拝見したんですけど、いろんなキャラクターはもちろん、昔ののりぬいぐるみを持ち込んでいる方もいて感激しました。

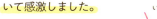

──この先もっとすみコレを広げていく上で、様々なジャンルとのコラボレーションは欠かせなくなりそうです。

しろいおもち
アパレルのショップさんとコラボして、すみコレの洋服を出したいです。

川﨑
生地面積小さめですけどね（一同笑）。

西田
私はとんかつ屋さんとコラボしたいです。

よこみぞ
同じく！ ずっと思っています。

西田
すみっコたちは食べ物に関する子も多いので、食べ物系のコラボがやってみたいです。
──「すみっこまで残さず食べよう」って、すごく食育です。

しろいおもち
コラボとは違うかもしれないんですけど、いろんなキャンペーンを今後やっていきたいです。それぞれのキャラクターに個性があるのでおもしろい企画がたくさんできそうです。たぴおかのミルクティーコラボとか。

酒田
私は個人的にすみっコたちって和顔だと思っているので、忍者とか殿様とかをインバウンド向けでやったらかわいいんじゃないかなって。すみっコハウスでお城とかあったらいいなぁ。

しろいおもち
兜とか、すみコレで出したら新鮮じゃないですか？ 合戦ごっことか。

あぼかど
みんな譲り合って戦えなさそう（笑）。

西田
領地譲り合い、だけどすみは譲らない。

よこみぞ
すみ取り合戦。

酒田
（自由帳とペンを持って）メモしておこう！

──こうやってみなさんで盛り上がりながら話し合って、すみコレは生まれていくのだなと感じています。

よこみぞ
盛り上がるとアイデアがいろいろ出てきます。

西田
すみっコの打ち合わせはいつも笑いが絶えないんですよ。一人のアイデアを尊重してそれを大きくしていくというのが、すみっコチームの良いところだと思います。

――制作サイドが思う、すみコレの魅力はなんだと思いますか？

川﨑
親しみやすく、あたたかみがあるところですかね。

西田
コレクションすべてをぬいぐるみでやっていることは統一性があり、すみコレの魅力だと思います。ぬいぐるみの限界に日々挑戦しています！

酒田
ベトナムの工場へ行ったときに、「ぬいぐるみで台形を作るなんて！」って言われたことがあります（笑）。

川﨑
あと、表だけじゃなく裏側も凝っているというのがすみコレのおもしろいところ。

よこみぞ
ほこりはいてほしい場所にいがちですよね（笑）。

ほこり発見！

てのりぬいぐるみ・ソファの底には……♪

しろいおもち
いろんな仲間を集めたくなるサイズ感も魅力だと思います。

あぼかど
一緒におでかけしやすいサイズですよね、カバンにサッと入れられるというか。

――すみコレが好きな方々もそういった部分に共感しているに違いありません。では、最後にすみコレの展開を心待ちにしているファンのみなさんに一言お願いします。

しろいおもち
すみコレにはいろんな種類のお洋服やおうちがあるので、自分だけのコーディネイトを見つけて楽しんでもらいたいです。お気に入りのコーデで一緒におでかけして写真

すみコレインタビュー とくべつ企画③

すみコレアイテムの ラフ画公開！

すみコレを作る初期段階の
プランナーによるラフ画たち。
今回は特別に持ち寄っていただきました★

【初期・てのりぬいぐるみ】
インタビューの中でも登場した、初期てのりぬいぐるみの試作画像。初期のフォルムは豆型でした。
（現在は卵型だよ♪ お手持ちのてのりぬいぐるみと比べてみてね！）

【おきがえすみっコセット】
ラフ画からすでに伝わってくる、かわいいお洋服の数々。生地の種類やデザインが細かく書き込まれています。

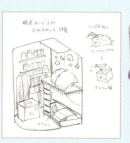

【ぬいぐるみ絵本】
お部屋のデザインはもちろん、てのりぬいぐるみのポーズや装飾品もラフの段階からしっかり練られています！

を撮ってもらいたいですね！
酒田
2019年、初めてすみコレアイテムだけのイベント「すみっコぐらしコレクション POP UP SHOP」を開催できたので、もっとすみコレと出会えるようなイベントをみなさんと一緒に企画できればと思っています。

よこみぞ
すみコレは今までにいっぱい出ていますが、限定ものも意外と多いので…すみコレとの一期一会を楽しんでいただきたいです。この本のカタログページを見ていても、今では手に入らないものがたくさんだな〜と思ったので。

しろいおもち
あまり再販はしないので、見つけたときに買わないとあとで「買っておけばよかった」ってなりますよ〜（笑）。

よこみぞ
私も取っておきそびれたものがあって後悔してきたし、いま持っているすみコレはきっと将来すごく大事なものになると思うので…（一同笑）。そんな限定感も魅力のひとつかなと思います。

西田
これからもかわいいすみコレは増えていくけれど、お手元にいる子にはずっと愛情を注いでもらえると嬉しいです。いつもすみっコがそばにいるよって、すみコレを身近に感じてもらえるといいな。

あぼかど
まだ「すみっコぐらしコレクション」を知らない人にも、いろんな角度からすみコレを知れる機会をもっと増やしていくので、みなさんも広めていただけると嬉しいです。すみコレを使った交流イベントとか、楽しい催しができたらいいですね。

川﨑
より良い商品を作ることもそうですが、いろんな人の手の届きやすい場所で販売するというのも大切なことだと思いますし、今後は様々な場所ですみコレを手にとっていただく機会が増えていくと思います。楽しみに待っていてください。

みなさん ありがとうございました♪

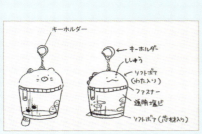

【おでかけすみっコ（カップ・ねこ／カップ・とかげ）】
デザインと一緒に材質もしっかり書き込まれています。ねことかげのラフなお顔もかわいい！

【すみコレバッグ】
てのりぬいぐるみやぶらさげぬいぐるみがたくさん入るバッグ。ショルダーが外せる2Way仕様やサイズがポイント☆

【シーンぬいぐるみ（ハンモック）】
りんごの木にとまったすずめもラフ画からしっかりいます♪ ハンモックは取り外しもできるので、いろんなシーンでかつやくするよ。

すみコレインタビュー
とくべつ企画④

すみコレチームの思い出のすみコレ

これまで作ったすみコレの中でも
特に思い出のあるアイテムを
教えていただきました。

\ 川崎さん /
おきがえすみっコセットの小物たち

ちょっとジオラマっぽいすみコレには
小物が必要だと思っていました。
でも、小さいものを作ることって実はすごく大変で。
どうしてもお洋服に小物をつけたくて、
おきがえすみっコをセットにして
小物を付属させました。
本やクッション、パンやパフまで(笑)。
すみコレの世界観を広げてくれていると思うので、
今後も小物を作ってすみコレの核にしていきたいです。

\ よこみぞさん /
「とかげとおかあさん」テーマ
てのりぬいぐるみ

てのりぬいぐるみを作るにあたり、
最初は素材はもちもちした生地を希望したんですけど、
そのときは生地が微妙でうまくいかなくて。
でも数年後にもちもちしたかわいい素材で
てのりぬいぐるみが完成したんです。
それが実現したのが本当に嬉しかったです。
いろんな方の力添えをいただけたことに感謝しています。
ぬいぐるみ界の革命だとそのとき思いました。

\ 西田さん /
リラックマストア・プラス ららぽーと富士見店限定
てのりぬいぐるみセット

埼玉にちなんだすみっコたちがかわいい
てのりぬいぐるみです。
埼玉といえばなんだろう？と
悩んだ思い出があります(笑)。
一番好きなのは、さいたまスーパーアリーナで
ライブを楽しんでいるのをイメージした、たぴおか。
すみっコぐらしが初登場してから3年目。
リラックマストア内ではありますが、
すみっコぐらしのお店ができたときの
感動は今でも忘れられません。

\ しろいおもちさん /
ふとん（カレー）

普通のおふとんシリーズの中で
とんかつのふとん…と考えたとき、
カレーライスのおふとんに
てのりぬいぐるみのとんかつが入ると
豪華なカツカレー！になるのを思いついて。
とてもかわいくてお気に入りです。

\ 酒田さん /
「ぺんぺんアイスクリーム」テーマ
シーンぬいぐるみ（ワゴン）

新人時代、ハンモックや学校など不思議な形(笑)の
アイテムを生み出しつつ
「すみコレとは…？」といろいろ模索していた中で、
このワゴンが自分的に「かわいってこういうことか！」と、
なぜか腑に落ちて。
すみコレ企画の楽しさに目覚めるきっかけだったと
思っているので選びました。
すみコレ楽しい〜〜！

\ あぼかどさん /
すみっコぐらしコレクションPOP UP SHOP限定
すみっコハウスベッド

カーテンが開閉できるのがポイントなのですが、
カーテンを留める部分がなかなかうまくいかず
試作を何度も繰り返して完成しました。
最初はカーテンをリボン結びで留めていたのですが
最終的には小さい子でも遊びやすいようボタンとゴムで
留める仕様になりました。
すみコレは使用感も大事に作られています。

カーテンを閉めると
こんな感じ♪

43

とりおろし
-6-

Kisetsu
すみっコたちとすごす春夏秋冬

-Spring-

-Summer-

-Autumn-

-Winter-

春 (はる)
-Spring-

ぽかぽかのおひさまにさそわれて おさんぽ中にすてきなお花にであったよ。

夏 -Summer-

あつーい夏にぴったりな ぺんぺんアイスクリームはいかが？

ハロウィンのあいことばは「とりっく おぁ すみっコ」★☆★

秋 -Autumn-

クリスマスのコスチュームにきがえて　みんなにプレゼントをおとどけするよ♪

冬
-Winter-

SUMIKKOGURASHI COLLECTION

すみっコぐらしコレクションがいーっぱい！

すみコレ カタログ

どれをもっているかな？

てのりぬいぐるみ ……50	すみっコ部 ……76	おきがえすみっコ ……82
テーマシリーズ ……51	ぬいぐるみ絵本 ……77	おきがえすみっコセット ……84
開運シリーズ ……70	シーンぬいぐるみ ……78	おでかけすみっコ ……85
お正月 ……71	すみっコハウス ……79	いろんなすみコレ雑貨 ……86
ハロウィン ……72	ひきだしぬいぐるみ ……79	限定アイテム ……87
クリスマス ……74	すみっコのおうちアイテム ……80	コラボレーション ……94
	すみっコの小さなおうち ……81	

SUMIKKOGURASHI COLLECTION
てのりぬいぐるみ

「すみっコぐらし」の てのひらサイズのぬいぐるみ。
スタンダードなものをあつめました。

しろくま　　ぺんぎん？　　とんかつ　　ねこ　　とかげ

えびふらいの　たぴおか　　たぴおか　　たぴおか　　ブラック
しっぽ　　　（イエロー）　（ピンク）　（ブルー）　たぴおか

ふろしき　　ざっそう　　にせつむり　　ほこり　　すずめ

おばけ　　ふくろう　　やま　　とかげのおかあさん

もぐら　　ぺんぎん　　とかげ
　　　　　（本物）　　（本物）

50

SUMIKKOGURASHI COLLECTION
テーマシリーズ

てのりぬいぐるみ ぬいぐるみ絵本 シーンぬいぐるみ など
テーマシリーズにぴったりな すみコレアイテムを紹介します。

-2012年9月- 「すみっコぐらし」初登場

てのりぬいぐるみ

しろくま　ぺんぎん？　とんかつ　ねこ　たぴおか　ざっそう

-2013年4月- 「こんなところにすみっコ」テーマ

マルチスタンドぬいぐるみ

ふかふかソファを再現！

底にはほこりがすみっこに！

-2013年9月- 「すみっコどんなコ？」テーマ

てのりぬいぐるみ

しろくま　ぺんぎん？　とんかつ　ねこ　とかげ　たぴおか

-2014年2月- 「ひやひやすみっこさんぽ」テーマ

てのりぬいぐるみ

ぺんぎん？　ねこ

シーンぬいぐるみ

木のすみっこもおちつくんですの巻

背中にはクローバーが★　ざっそう

木の中に…ほこり発見！

-2014年11月- 「ぬくぬく湯ごもり」テーマ

てのりぬいぐるみ

温泉であたたまったのでほっぺがピンクに。

ねこ　　とんかつ　　ぺんぎん？　　しろくま

シーンぬいぐるみ

やまが温泉につかって赤くなっちゃった！？

すみっコぐらし温泉
名湯「富士見の湯」で
のんびり…の巻

温泉まんじゅう風
（黒糖味）☆

ブラックたぴおか

桶
（ほこりと
たぴおかつき）

てのり
ぬいぐるみに
ぴったり★

-2015年5月- 「マリンごっこ」テーマ

てのりぬいぐるみ

しろくま　　ぺんぎん？　　とんかつ　　ねこ

たぴおか
マーメイド

えびふらいの
しっぽ

シーンぬいぐるみ

海はドキドキ…
すみっこあるかな？
出航～！

[セット内容]
● すみっコ船
● てのりぬいぐるみ
　（たぴおか船長、
　船員とかげ）

落書きをしたのは
だーれだ？

しゅっぱつ
しんこ～！

-2015年8月-「おすしの会」テーマ

てのりぬいぐるみ

しろくまたまご

ぺんぎん?まき

ねこまぐろ

とんかつにぎり

えびにぎり

がり&わさび

お寿司屋さん風?! すみっコハウス

[セット内容]
- すみっコハウス
- てのりぬいぐるみ (ぺんぎん?大将)
- ちゃぶ台

シーンぬいぐるみ

ロフト限定

寿司ネタケースには寿司ネタにまぎれてみにっコもいるよ。

[セット内容]
- すみっコハウス
- てのりぬいぐるみ (しろくま大将、アルバイト中?おばけ)

寿司桶ぬいぐるみセット

すみっコ寿司(上)

ざっそうはお寿司のいろどりに欠かせないアレに★

しろくまぐろ

ぺんぎん?サーモン

ねこきんちゃく

とかげロール

たぴおかいくら

テーマシリーズ

53

-2015年9月- 「すみっコぐらし3周年」

-2015年8月- We Love Sumikkogurashi プレゼントキャンペーン

ねこ
ツアーガイドに任命されて
はずかしいけどがんばって
説明することにした。

ぺんぎん？
すみっこの写真を
とるために
カメラをもってきた。

しろくま
見つけたすみっこの絵を
いつでも描けるように
準備は万端。

とんかつ
おすすめのすみっこが書いてある
「すみっこMAP」をもって
情報収集中。

テーマシリーズ

-2016年8月- 「だがし屋すみっコ」テーマ

すみっコハウス

[セット内容]
- すみっコハウス
- てのりぬいぐるみ（ねこばあさん）
- 商品棚

ねこばあさんの
だがし屋すみっコに
しゅうごう！

てのりぬいぐるみ

ぺんぎん？　　ねこ　　　にせつむり　　はじっこ　　とかげ
メロンアイス　すずカステラ　キャンディー　とんかつ　ヨーグルト

ふろしきキャンディー

てのりぬいぐるみ セット（全2種）

リラックマストア×
キデイランド
限定

しろくま
わたがし　　ぺんぎん？ヨーグルト　　　　とかげうきわチョコ　　しろくましゅまろ

たぴラムネ　　　たぴラムネ（ブラックたぴおか入り）

- 2016年11月 - 「ぽかぽかねこびより」テーマ

てのりぬいぐるみ

しろくま

ねこ

ぺんぎん？

とかげ

とんかつ

えびふらいのしっぽ

たぴおか（グレー）

たぴおか（はちわれ）

おばけ

ほこり

ねこハウス

かご

こたつ

こたつに
まっしぐら！

すみっコハウス

すみっコぐらしshop
リラックマストア
キデイランド
限定

みかん箱

[セット内容]
●すみっコハウス
●てのりぬいぐるみ（ねこ）

58

テーマシリーズ

- 2017年2月 - 「すみっコ弁当」テーマ

- 2017年5月 - 「しろくまのともだち」テーマ

てのりぬいぐるみ

しろくまぺんぎん　　ぺんぎん？　　ねこざらし

すみっコハウス

とかげぺんぎん　　ぺんぎん（本物）　　とんかつせいうち

[セット内容]
- こおりのおうち
- てのりぬいぐるみ（しろくま、ぺんぎん（本物））
- ぺんぎん（本物）のポンチョ
- ピンク色のポンチョ

- 2017年8月 - 「おへやのすみでたびきぶん」テーマ

てのりぬいぐるみ

しろくま　　　ぺんぎん？　　　とんかつ
〈旅スタイル〉　〈パイロット〉　〈旅スタイル〉

リュックを背負って
じゅんびばんたん♪

すみっコぐらし
shop
限定

ねこ〈ガイド〉　とかげ〈ガイド〉　すなやま　　とかげ〈女神〉

-2017年11月- 「とかげのお家にあそびにいきました。」テーマ

てのりぬいぐるみ

しろくま　　とかげ　　ねこ　　とかげ(本物)

てのりぬいぐるみが1体入るよ

りんごのおうち　　きのこ　　どんぐりのおうち　　木・草

ぬいぐるみマルチトレイ

ふゆげのすずめ&ふくろうとたまご。

[セット内容]
- すみっコの巣
- てのりぬいぐるみ（すずめ、ふくろう）
- たまご

おきがえすみっコ セット

ポンチョ(すずめ)　　ポンチョ(ふくろう)

おきがえすみっコ デラックスセット

うしろ

とかげのお家のひみつの地下室★

[セット内容]
- きょうりゅうのパジャマ（ぼうし・服）
- てのりぬいぐるみ（とかげ）
- とかげのすいそう
- きりかぶのベッド
- まるたのベンチ

おかあさんのしゃしんはっけん！

すみっコハウス

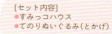

[セット内容]
- すみっコハウス
- てのりぬいぐるみ（とかげ）

-2018年2月-「すみっコぐらしのおべんきょう」テーマ

てのりぬいぐるみ

ねこ
（体操着になわとび）

ぺんぎん？
（ぞうきんがけ）

とんかつ
（あげぱんになりきり）

とかげ
（教授になりきり）

黒板消し

うわばき

うわばきの裏には…
ほこりが
ふまれている！

机といすの セット

しろくま

ねこ

すみっコハウス

ロッカーのとびらも
開くよ！

「すみっコぐらしの
おべんきょう」テーマ

[セット内容]
- すみっコハウス（学校）
- てのりぬいぐるみ（しろくま）

いすにすわって
おべんきょうの
じゅんびはバッチリ♪

てのりぬいぐるみと
合わせれば
にぎやかな学校が
もーっと楽しくなっちゃうね！

テーマシリーズ

-2018年5月- 「ぺんぺんアイスクリーム」テーマ

てのりぬいぐるみ

| しろくま | ぺんぎん？ | とかげ |

ぺんぎん（本物）

コーン

アイスのおうち

すみっコぐらしshop限定

ねこ

シーンぬいぐるみ

てのりぬいぐるみがもてるアイスマスコットつき♪

アイスのいす

てのりぬいぐるみがのせられるよ♪

まえ　よこ

[セット内容]
・シーンぬいぐるみ（ワゴン）
・アイスマスコット

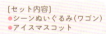

ワゴンの中にはメニューがかざられているよ。おすすめはなつにぴったりメロン味♪

ぺんぎん（本物）のりそうのアイス屋さん！

おんなじ

65

-2018年8月-「えびふらいのしっぽのおつかい」テーマ

てのりぬいぐるみ

トマトとおにぎりのマスコットつき★

えびふらいのしっぽ　　レモンを背負っているよ♪　　あじふらいのしっぽ　　すみっコマーケットの袋

うらがわにほこり発見！

しろくま（しゅふ）　　とんかつ（あげもの屋さん）　　とかげ（おさかな屋さん）　　カート　　みんなでおかいもの♪

すみっコぐらしshop限定　　すみっコぐらしshop限定　　ぎゅ～～

ぬいぐるみティッシュカバー

オムライスのおふとん

[セット内容]
● とんかつクッション
● えびふらいのしっぽ

おきがえすみっコ セット

[セット内容]
● えびふらいのしっぽのねぶくろ
● パン粉
● トマト

えびふらいのしっぽのねぶくろ

すみっコハウス

すみっコハウスのとんかつとおもろいのTシャツ★

えびふらいのしっぽ

[セット内容]
● すみっコハウス
● てのりぬいぐるみ（えびふらいのしっぽ）

テーマシリーズ

-2018年11月- 「しろくまのてづくりぬいぐるみ」テーマ

てのりぬいぐるみ

しろくま　　ぺんぎん？　　とんかつ　　ねこ　　とかげ

すみっコぐらしshop限定

すみっコぐらしshopキデイランド限定

ほこりつき！

えびふらいのしっぽ　　とかげ　　わた

すみっコハウス

[セット内容]
● すみっコハウス
● てのりぬいぐるみ（しろくま）

ぬいぐるみ絵本

OPEN!

[セット内容]
● ぬいぐるみ絵本（ファッションすみっコ）
● たびおかマネキン

ステッキマスコット

てのりぬいぐるみにもたせたり、キーホルダーとしても使えるよ★

おでかけすみっコ

すみっコぐらしshopキデイランド限定

お気に入りのてのりぬいぐるみを入れて楽しめるよ。

プレゼントボックス

しろくまの糸♪

-2019年2月-「ねこのきょうだいにであいました」テーマ

てのりぬいぐるみ

ねこ　　ねこのきょうだい　　ねこのきょうだい　　たぴおか　　えびふらいの
　　　　（グレー）　　　　　（トラ）　　　　　　　　　　　しっぽ

お花になりきり♪

ハチになりきり★
羽もばっちりだよ

ぬいぐるみマルチトレイ

ねこの3きょうだい
（こねこのころ）

こねこのころは
みんなスリム
だったよ

ぬいぐるみ絵本

OPEN!

[セット内容]
● ぬいぐるみ絵本（なのはな畑）
● てのりぬいぐるみ（とかげ）
● 花かご

おきがえすみっコ セット

すみっコぐらし
shop
限定

[セット内容]
● ねこのポンチョ
● にくきゅうのクッション

SUMIKKOGURASHI COLLECTION
開運シリーズ

とんかつと えびふらいのしっぽの揚げ物コンビで運気もアゲアゲ!?
開運パワーがある桜の木とおうちもかわいいね。

- 2015年12月 - 「運気アゲアゲすみっコぐらし神社」テーマ

シーンぬいぐるみ

神社のすみっこはパワースポット！

[セット内容]
● すみっコぐらし神社
● てのりぬいぐるみ（とん神様）

てのりぬいぐるみ

とんかつ（とん神主）

えびふらいのしっぽ（えび巫女）

- 2016年12月 - 「運気アゲアゲすみっコぐらし神社」テーマ

シーンぬいぐるみ

かべには絵馬が★

そこ面にはお札やおみくじ、宝くじなどが入れられるありがたーいポケットつき！

[セット内容]
● すみっコぐらし神社
● てのりぬいぐるみ（えび天女）

てのりぬいぐるみ

背中にししゅう入り♪

うしろ

とんかつ（かつだるま）

えびふらいのしっぽ（だるまえび）

- 2017年12月 - 「桜咲く開運アイテム」テーマ

シーンぬいぐるみ

お花見スタイルのねこは花より団子!?

[セット内容]
● 開運すみっコ桜
● てのりぬいぐるみ（ねこ）

- 2018年12月 - 「名物！すみっコぐらし大福」テーマ

すみっコハウス

福のししゅう入り！

和風のすみっコハウス

[セット内容]
● すみっコハウス
● どらねこ大福ぬいぐるみ

SUMIKKOGURASHI COLLECTION
お正月シリーズ

お正月をいろんな姿で
すみっコたちも楽しんでいるみたい★

-2016年- 酉年・お正月

シーンぬいぐるみ

袴が かっこいい！　お着物で おめかし★

ぺんぎん？　ねこ

-2017年- てのりぬいぐるみ お正月ver. 干支(戌年)

てのりぬいぐるみ

しろくま	ぺんぎん？	とんかつ	ねこ	とかげ	えびふらいのしっぽ
（プードル）	（ざっしゅ？）	（プードル）	（しばけん）	（ざっしゅ）	（プードル）

-2018年- てのりぬいぐるみ お正月ver. 干支(亥年)

てのりぬいぐるみ

しろくま	ぺんぎん？	とんかつ	ねこ	とかげ	やま
（かがみもち）	（亥年）	（亥年）	（だるまねきねこ）	（亥年）	（赤ふじ）

SUMIKKOGURASHI COLLECTION
ハロウィンシリーズ

みんなで仮装をしてハッピーハロウィン♪
お菓子をあげなきゃ すみっコたちにいたずらされるかも？

-2016年-

-2017年-

-2018年-

ハロウィンぬいぐるみ

いたずら顔のかぼちゃがおうちに★

← デビルの羽がはえてるけどじつは おかしでできたおうち。

サンエックスネットショップ先行受注

[セット内容]
● かぼちゃのおうちぬいぐるみ
● おかしのおうちぬいぐるみ
● てのりぬいぐるみ
　（ぺんぎん？、とんかつ、とかげ、たぴおか）

とんかつ　　ぺんぎん？

とかげ　　たぴおか

-2018年- すみっコぐらしコレクション ハロウィンver.

てのりぬいぐるみ

＼かぼちゃのマント／　＼くろねこのマント／　＼かぼちゃのいれもの／

しろくま　　ねこ　　かぼちゃ

おでかけすみっコ

＼かぼちゃのパンツ／　＼デビルのたぴおか／

＼ドラキュラのとかげ／

とかげ　　えびふらいのしっぽ　　たぴおか

うしろにはデビルのはね＆しっぽ

ハロウィンカップ

SUMIKKOGURASHI COLLECTION
クリスマス シリーズ

クリスマスのコスチュームにきがえて、
あいことばは …「めりーくりすますみっコ！」

-2014年-

スペシャルすみっコハウス

サンエックスネットショップ限定　クリスマスバージョン

[セット内容]
- すみっコハウス
- てのりぬいぐるみ（しろくま、ぺんぎん？、とんかつ、ねこ、たぴおか、ざっそう、ふろしき）

しろくま　ぺんぎん？　とんかつ　ねこ　たぴおか　ざっそう　ふろしき

-2016年-

サンエックスネットショップ限定　**スペシャルすみっコハウス**

OPEN!

シーンぬいぐるみ

一部店舗サンエックスネットショップ限定

[セット内容]
- プレゼントBOX
- てのりぬいぐるみ（とんかつ、ねこ、とかげ、えびふらいのしっぽ、たぴおか）

[セット内容]
- すみっコツリー
- てのりぬいぐるみ（しろくまサンタ、とんかつトナカイ）

-2017年-

シーンぬいぐるみ

サンエックスネットショップ限定　クリスマスバージョン

おうちに入ると…みんながいるよ！

[セット内容]
- おかしのおうち
- てのりぬいぐるみ（ねこ）

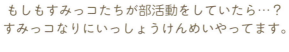

SUMIKKOGURASHI COLLECTION
すみっコ部シリーズ

もしもすみっコたちが部活動をしていたら…？
すみっコなりにいっしょうけんめいやってます。

-2015年3月- 「すみっコ部」テーマ

ぶらさげぬいぐるみ

しろくま（サッカー）　ぺんぎん？（バスケ）　とんかつ（野球）　ねこ（テニス）　とかげ（水泳）

えびふらいのしっぽ（応援団）　ぺんぎん？（帰宅部）　ねこ（軽音部）

テニスボールに顔が！

にせつむりがストップウォッチをせおってくれているよ。

-2016年3月- 「もっとすみっコ部」テーマ

ぶらさげぬいぐるみ

しろくま（美術）　ぺんぎん？（サッカー）　とんかつ（応援団）　ねこ（バレーボール）　とかげ（テニス）　えびふらいのしっぽ（バスケ）

Sumikkogurashi Collection
ぬいぐるみ絵本

てのりぬいぐるみと合わせて楽しい！
ぬいぐるみ絵本は閉じると本のかたちになるよ♪

すみっコハウスの
リビング

[セット内容]
- すみっコハウスのリビング
- てのりぬいぐるみ（しろくま）
- すみっコのひきだし

すみっコハウスの
畑

[セット内容]
- すみっコハウスの畑
- てのりぬいぐるみ（ぺんぎん？）
- すみっコの荷車

すみっコの寝室

[セット内容]
- すみっコの寝室
- てのりぬいぐるみ（ねこ）
- すみっコのおもちゃ箱

すみっコのクローゼット

[セット内容]
- すみっコクローゼット
- てのりぬいぐるみ（とかげ）
- ハンガー3個
- いす

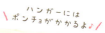

ハンガーには
ポンチョがかかるよ♪

Sumikkogurashi Collection
シーンぬいぐるみ

いろんなシーンをつくれちゃう シーンぬいぐるみ。
てのりぬいぐるみと一緒に遊べるよ！

木のおうち

[セット内容]
- 木のおうち
- てのりぬいぐるみ（とかげ）

ハンモック

ハンモックは取リ外しできるよ！

にせつむりがりんごをお届け★

ポシェットをかけられるよ♪

すみっコのお部屋

[セット内容]
- すみっコのお部屋
- しろくまのチェスト

すみっコのバスルーム

[セット内容]
- すみっコのバスルーム
- すみっコのかご

SUMIKKOGURASHI COLLECTION
すみっコハウス

こんなおうちにすみたいな♪
あこがれのお部屋で てのりぬいぐるみとあそべるよ。

[セット内容]
- すみっコハウス
- てのりぬいぐるみ（とんかつ）

[セット内容]
- すみっコハウス
- てのりぬいぐるみ（ねこ）

[セット内容]
- すみっコハウス
- てのりぬいぐるみ（ねこ）
- ソファ

[セット内容]
- すみっコハウス
- てのりぬいぐるみ（しろくま）

SUMIKKOGURASHI COLLECTION
ひきだしぬいぐるみ

ひきだしをあけると…べつのお部屋がとうじょう！
お片づけもしやすいアイテム。

OPEN！

とかげの
おかあさんの
ぬいぐるみ

ブラシ

テレビのリモコン

[セット内容]
- ひきだしぬいぐるみ
- えびふらいの
しっぽ型テレビ

すみっコハウスと
組み合わせれば
三階建ても実現★

79

SUMIKKOGURASHI COLLECTION
すみっコのおうちアイテム

てのりぬいぐるみといっしょに遊べるアイテムがいっぱい。
いろんな組み合わせで楽しめる！

とんかつが主役のおふとん★

ふとん

ふとん

ふとん（しろくま）

ふとん（ねこ）

ふとん（カレー）

ベッド

ベッド

ベッドとふとん
どっちもきもちいい～

ソファ
てのりぬいぐるみが2体座れます
ソファの底に…ほこりを発見！

シングルソファ（ピンク）

ひきだしの中にはブラシが★

シングルソファ（ピンク）

シングルソファ（みずいろ）

ドレッサー

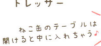
ねこ缶のテーブルは開けると中に入れちゃう♪

テーブル

すみっコクローゼット

[セット内容]
●すみっコのクローゼット
●すがたみ
●ハンガー3個
●てのりぬいぐるみ（しろくま）

2段ベッド

SUMIKKOGURASHI COLLECTION
すみっコの小さなおうち

てのりぬいぐるみが1つ入れる 小さなおうち。
お部屋のすみっこに置くと さらにかわいい！

とびらは しまるよ！

おうち

おうち

テント

テント

きのこ

きりかぶ

しろくまハウス

しろくまの
だいじなふろしきも
もちろん いっしょ

とんかつハウス

とんかつと
えびふらいの
しっぽで
今日もアゲアゲ♪

ぺんぎん？ハウス

ねこハウス

ねことなかよしの
ざっそうは
光合成中

とかげハウス

とかげと
なかよしの
にせつむり

ぺんぎん？には
たぴおかが
ついてきたよ★

81

okigae sumikko
SUMIKKOGURASHI COLLECTION
おきがえすみっコ

てのりぬいぐるみに着せられる
洋服やぼうし などのファッションアイテム。

ポンチョについている
ポシェットにも
それぞれの個性がキラリ★

ポンチョ（しろくま）

ポンチョ（ねこ）

ポンチョ（とんかつ）

ポンチョ（とかげ）

ポンチョ（えびふらいのしっぽ）

※ペンギン？のポンチョ画像

ポンチョ（ぺんぎん？）

さわやかマリン

ハッピーフラワー♪

ほこリスマイル

ミュージック♪

カジュアルチェック

ふわもこベアー

SUMIKKOGURASHI COLLECTION
おきがえすみっコセット

お洋服とぼうし、小物などがそろった
トータルコーディネイトのセット♪

おでかけ（セーラー・ブルー）

[セット内容]
● 洋服
● ぼうし
● カバン

おでかけ（セーラー・ピンク）

[セット内容]
● 洋服
● ぼうし
● カバン

おやすみ（ほし）

[セット内容]
● ぼうし
● パジャマ
● クッション
● えほん

ルームウェア

[セット内容]
● ウェア
● ヘアバンド
● クッション
● パフ

カジュアル

[セット内容]
● 洋服
● ぼうし
● カバン

パンやさん

[セット内容]
● エプロン
● ぼうし
● パン
● 袋

レインポンチョ

[セット内容]
● ポンチョ
● クッション
● ポシェット

おでかけ
（カントリー）

[セット内容]
● ズボン
● ぼうし
● スカーフ

SUMIKKOGURASHI COLLECTION
おでかけすみっコ

てのりぬいぐるみと いっしょにおでかけができる
キーホルダーやバッグ、ポーチがいっぱい★

\ てのりぬいぐるみが 1 体入るよ ♪ /

おうち　カップ　ねぶくろ　ふとん　カップ（ねこ）　カップ（とかげ）

\ てのりぬいぐるみが 2 体入るよ ♪ /

ハート　カメラ　しろくまリュック

\ てのりぬいぐるみがたくさん入るよ ♪ /

すみコレバッグ　すみコレポーチ（ねこ）　すみコレポーチ（おうち）

85

SUMIKKOGURASHI COLLECTION
いろんなすみコレ雑貨

雑貨から てのりぬいぐるみがのれる くるままで！
他にもいろんなアイテムがあるんです。

すみっこに
ほこりが★

マルチ
ボックス(S)

うしろ

マルチトレイ

ぬいぐるみ
ティッシュカバー

ぬいぐるみティッシュカバー

ふとんをめくると
ティッシュが取り出せるよ♪

ほこりも
ソファのうしろに
いるよ♪

クッションの
うしろに忘れ物の
10円が！

くるま
（しろくま）

ブーン♪

くるま
（ぺんぎん？）

86

SUMIKKOGURASHI COLLECTION
限定アイテム

いろんな場所やお店のオープン記念などで販売した限定アイテムです。

- 2015年8月 -

すみっコハウス

ロフト限定

おばけもおちつく
すみっコハウス♪

[セット内容]
● すみっコハウス
● みかん箱
● てのりぬいぐるみ
（おばけ）

- 2015年3月 -

ぬいぐるみ絵本

お庭にぴったりな
帽子をかぶった
おばけ★

ロフト限定

てのりぬいぐるみと
組み合わせてあそべる
おどうぐポケット！

[セット内容]
● ぬいぐるみ絵本（すみっコハウスの庭）
● すみっコの小屋
● てのりぬいぐるみ（おばけ）

- 2015年4月 -

さいたま限定 てのりぬいぐるみセット

すみっコぐらしshop
ららぽーと
富士見店
限定

コレクションにピッタリ♪プレミアムBOX

埼玉県にゆかりのある!?
ご当地てのりぬいぐるみ★

シーンぬいぐるみ

すみっコぐらしshop
ららぽーと富士見店
オープン記念

席のすみっこに
きっぷが…！

- 2015年9月 -

てのりぬいぐるみ

すみっコぐらしshop
上小田井mozo
ワンダーシティー店
オープン記念

名古屋らしく
えびふりゃ〜♪

きゅうりには
みそトッピング★

ぺんぎん？
（しゃちほこ）

えびふらいのしっぽ
（てんむす）

- 2015年12月 -

てのりぬいぐるみ

すみっコぐらしshop
ららぽーとEXPOCITY店
オープン限定

大阪名物！
たこやきに
なりきり★

ねこの
がまぐちには
あめちゃん♪

ねこ

とんかつ

87

- 2015年11月 -

すみっコハウス

[セット内容]
- すみっコハウス
- たびおか箱
- てのりぬいぐるみ(おばけ)

- 2016年7月 -

てのりぬいぐるみ

ニンテンドー3DS
「すみっコぐらし
むらをつくるんです」

ゲームに登場する
浴衣のぺんぎん?

ロフト限定

ゲームを買って同梱のアンケートを
送ると抽選で3000名様に当たる!
※プレゼントキャンペーンは終了しています

ゲームは好評発売中♪

ニンテンドー3DS
「すみっコぐらし むらをつくるんです」
価格:4800円(税抜)
1人用(通信時最大5人)
すみっコミュニケーション
発売:日本コロムビア

- 2016年8月 -

てのりぬいぐるみ

すみっコぐらしshop
東京スカイツリー
ソラマチ店
オープン記念

スペシャルぬいぐるみ

すみっコぐらしshop
東京スカイツリー
ソラマチ店
オープン記念

スカイツリーの中から
てのりぬいぐるみを
取り出せるよ♪

手をあげて
スカイツリーを
紹介!

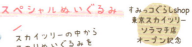

しろくま　　ぺんぎん?

しろくま　　ぺんぎん?

とんかつ　　ねこ　　とかげ

とんかつ　　ねこ

- 2016年9月 -

てのりぬいぐるみ

ロフト限定

ふとん　　2段ベッド

[セット内容]
- 2段ベッド
- てのりぬいぐるみ(おばけ)

- 2017年7月 -

おきがえすみっコセット

ゲームを買って同梱のアンケートを
送るとゲームの中ですみっコたちが着る
「探検コスチューム」をモデルにした
おきがえすみっコセットを
応募者全員にプレゼント♪
※プレゼントキャンペーンは終了しています

たんけんたいのふく

ニンテンドー3DS
「すみっコぐらし
ここ、どこなんです?」

ゲームは好評発売中♪

ニンテンドー3DS
「すみっコぐらし ここ、どこなんです?」
価格:4800円(税抜)
1人用(通信時最大5人)
すみっコミュニケーション
発売:日本コロムビア

限定アイテム

- 2017年7月 -

てのりぬいぐるみ
すみっコぐらしshop
東京駅店オープン記念
東京駅店限定商品

ねこが入った
駅舎のうしろには
ざっそうが★

とかげが入った
駅舎のうしろには
にせつむりが★

ねこ（東京駅丸の内駅舎）　　とかげ（東京駅丸の内駅舎）

- 2017年11月 -

おでかけすみっコ
ロフト限定

[セット内容]
● おでかけすみっコ
● てのりぬいぐるみ（とかげ）

うしろ

- 2017年12月 -

おきがえすみっコセット

ゲームを買って同梱のアンケートを
送るとゲームに登場するアイテム
「クルーユニフォーム」をモデルにした
おきがえすみっコセットを
応募者全員にプレゼント♪
※プレゼントキャンペーンは終了しています

すみっコパークの制服

ニンテンドーSwitch™
「すみっコぐらし
すみっコパークへようこそ」

ゲームは
好評発売中♪

Nintendo Swith
「すみっコぐらし
すみっコパークへようこそ」
価格：5800円（税抜）
1〜4人用
パーティゲーム
発売：日本コロムビア

※Nintendo Switchのロゴ、
Nintendo Switchは任天堂の商標です。

- 2018年2月 -

てのりぬいぐるみ
すみっコぐらしshop
東京駅店限定商品

しろくまが入った
駅舎のうしろには
ふろしきが★

しろくま（東京駅丸の内駅舎）

JR東日本商品化許諾済

すみっコぐらし
shop限定

しろくま

卒業しょうしょにまいた
リボンと帽子の
ぽんぽんがおしゃれ！

- 2018年6月 - 喫茶すみっコのコーヒースタンド第一弾

てのりぬいぐるみ
ロフト限定

エプロンも
それぞれ違って
かわいいね。

シーンぬいぐるみ
ロフト限定

デニムの
エプロン★

しろくま　　おばけ

うしろ　　うしろ

まめマスターが
入れるコーヒーは
この世で一番
おいしいと評判★

[セット内容]
● シーンぬいぐるみ
　（喫茶すみっコの
　　コーヒースタンド）
● てのりぬいぐるみ
　（まめマスター）

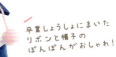

よこ

うしろ

- 2018年6月 -

シーンぬいぐるみ

サンエックス
ネットショップ
先行受注

すみっコぐらし検定

[セット内容]
・ロフトベッド&いす
・てのりぬいぐるみ
（しろくま、ぺんぎん？
ふくろう、たぴおか）

しろくま　ぺんぎん？

ふくろう　たぴおか

背中の文字は
「すみを
きわめよ」！

- 2018年7月 -　　- 2018年12月 -

たぴよこ　　　　たぴよこ

てのり
ぬいぐるみ

mimi et bon
限定

"mimi et bonとは？"
「ちいさくて、かわいくて、おいしい」を
コンセプトにした、
テイクアウトスイーツの専門店。

mimi et bon 東京駅一番街店
東京都千代田区丸の内1-9-1 東京駅一番街地下1F
営業時間：10:00〜20:30（不定休）
電話番号：03-6259-1889

すみっコぐらし × mimi et bon

- 2018年7月 -

すみっコぐらし
shop
限定

てのりぬいぐるみ

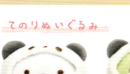

しろくま　　　ぺんぎん？

とんかつ　　ねこ　　とかげ

ぬいぐるみ絵本

OPEN!

タイヤとパンダののりもの

[セット内容]
・ぬいぐるみ絵本
（タイヤとパンダののりもの）
・てのりぬいぐるみ
（パンダののりもの）

すみっコぐらし
shop
東京駅店限定商品

限定アイテム

- 2018年8月 -

プレミアムソファ ぬいぐるみセット

すみっコぐらしブックフェア限定

♪ しろくま　　♪ ぺんぎん？

プレミアムぬいぐるみ絵本

[セット内容]
- ぬいぐるみ絵本（ブックカフェ）
- てのりぬいぐるみ（えびふらいのしっぽ）
- 丸テーブル

OPEN!

- 2018年10月 -

おきがえすみっコセット

ゲームを買って同梱のアンケートを送るとゲームの中ですみっコたちが着る「雑貨屋さんの制服」をモデルにしたおきがえすみっコセットを応募者全員にプレゼント♪
※プレゼントキャンペーンは終了しています

雑貨屋さんの制服

おそろコーデ★

ニンテンドーSwitch™「すみっコぐらし あつまれ！すみっコタウン」

ゲームは好評発売中♪

Nintendo Swith
「すみっコぐらし あつまれ！すみっコタウン」
価格：5800円（税抜）
1～4人用
すみっコミュニケーション
発売：日本コロムビア
※Nintendo Switchのロゴ、Nintendo Switchは任天堂の商標です。

すみっコハウス

たぴおか限定バージョン

限定店舗＋サンエックスネットショップ限定

[セット内容]
- すみっコハウス
- てのりぬいぐるみ（たぴおか）
- たぴおかのいす

限定アイテム

-2019年4月- 喫茶すみっコのコーヒースタンド第二弾

てのりぬいぐるみ
ロフト+サンエックスネットショップ限定

ねこ　　とかげ

すみっコハウス
ロフト+サンエックスネットショップ限定

てのりぬいぐるみと
あわせて
ゆったりカフェ気分♪

[セット内容]
- すみっコハウス（おばけハウス）
- まめマスターのソファ
- コーヒー

-2019年5月-

ぬいぐるみ

みんなで
たこやきになりきり★

すみっコぐらしshop
大阪梅田店、神戸店、
ららぽーとEXPOCITY店
あべのキューズモール店
限定

[セット内容]
- てのりぬいぐるみ
（しろくま、ぺんぎん？、とんかつ、ねこ、とかげ、たこやき）
- たこやきのおさら

てのりぬいぐるみ

すみっコぐらしshop
あべのキューズモール店
限定

えびふらいの
しっぽ

93

SUMIKKOGURASHI COLLECTION
コラボレーション

すみっコぐらしコレクションの
さまざまなコラボをごしょうかい♪

すみっコぐらし×TOWER RECORDSコラボ2015

コラボぬいぐるみ絵本

ターンテーブルの中には…

[セット内容]
- ぬいぐるみ絵本
- てのりぬいぐるみ（えびふらいのしっぽ）
- ターンテーブル
- ツインボーカル（ほこり、ざっそう）
- アフロのカツラ

てのりぬいぐるみ

しろくま	ぺんぎん？	とんかつ	ねこ	とかげ
（Key.）	（Ba.）	（Dr.）	（Gt.）	（マネージャー）

すみっコぐらし×TOWER RECORDSコラボ2017

てのりぬいぐるみ

しろくま　　ぺんぎん？　　とんかつ　　ねこ　　とかげ

木　　　テント　　　寝袋＋えびふらいのしっぽ

寝袋に入って
えびふらいのしっぽも
すやすや…

すみっコぐらし×エバラ食品コラボ

てのりぬいぐるみ

すみコレフレンズ

しろくま

ぺんぎん？

とんかつ

ねこ

とかげ

エバラ食品「すみっコぐらしと楽しいお弁当づくりキャンペーン」でオリジナルの「てのりぬいぐるみ」が1,000名様に抽選で当たります
※キャンペーンの応募締め切りは2019年6月30日（消印有効）

すみっコぐらし×すみっコぐらしFanBook（主婦と生活社）コラボ

てのりぬいぐるみ
それぞれのしゅやく号にふろくがついていたよ★

「すみっコぐらしFanBook ねこたっぷり号」　ねこ

「すみっコぐらしFanBook しろくまいっぱい号」　しろくま

「すみっコぐらしFanBook ぺんぎん？＆みにっコぎゅぎゅっと特大号」　ぺんぎん？

「すみっコぐらしFanBook とんかつ＆えびふらいのしっぽがっつり号」　とんかつ

「すみっコぐらしFanBook とかげモリモリ号」　とかげ

とくべつなおしろ＆てのりぬいぐるみ
※応募期間は終了しています

5冊あつめて応募するともらえる！　えびふらいのしっぽ

✦ 5th Anniversary!! ◆

\ 「すみっコぐらし」オフィシャルショップ /
すみっコぐらしshopに あそびにいこう！

全国に15店舗ある「すみっコぐらしshop」はグッズがいっぱい♪
ぬいぐるみやステーショナリー、雑貨はもちろん
すみっコぐらしコレクションのアイテムも もりだくさん★
ぜひ遊びにきてね。

**リラックマストア内
すみっコぐらしshopリスト**

- 札幌店
  ☎011-213-5755
- 仙台店
  ☎022-714-8015
- 池袋サンシャインシティ店
  ☎03-5952-5312
- 吉祥寺店
  ☎0422-29-2155
- 東京スカイツリータウン・ソラマチ店
  ☎03-5610-7228
- 原宿店
  ☎03-3409-3431
- ららぽーと富士見店
  ☎049-255-5916
- 上小田井店
  ☎052-380-8971
- 大阪梅田店
  ☎06-6372-7708
- あべのキューズモール店
  ☎06-4394-8091
- ららぽーとEXPOCITY店
  ☎06-6877-1112
- 神戸店
  ☎078-366-6833
- 福岡パルコ店
  ☎092-235-7294
- アミュプラザおおいた店
  ☎097-537-1227

すみっコぐらしshop東京駅店のショップのコンセプトは
"癒しと安心を感じられるすみっコの森とお部屋"。
店内のいたるところがすみっコたちでうめつくされているよ☆

**すみっコぐらしshop
東京駅店**
〒100-0005
東京都千代田区丸の内1-9-1
東京駅一番街地下1階
☎03-3201-5888
営業時間：10:00〜20:30

東京駅店では"かわいくて、おいしい"を
テーマにしたテイクアウトスイーツ専門店
「mimi et bon」とコラボレーションした
スイーツを販売中★
店内では製造工程も見ることができるよ。
(「mimi et bon」については
　　　　　　　　　P.90もチェック！)

掲載している情報は2019年4月現在のものです。

○make

とりおろし -7-

撮影中のすみっコたちのオフショットをお届け★

すみコレであそぼう!
「すみっコぐらしコレクションBOOK」オリジナル背景だよ♪

用意するもの
- 「すみっコぐらしコレクションBOOK」
- てのりぬいぐるみ や お好みのすみコレアイテム

1
「すみっコぐらしコレクションBOOK」を用意して、横にします
(ページが開ける方を手前にしてね★)

2
「すみコレ背景」ページで撮りたい背景をえらびます

3
えらんだら、用意したアイテムを本に乗せます

4
写真を撮るとフォトジェニックな仕上がりに♪

101

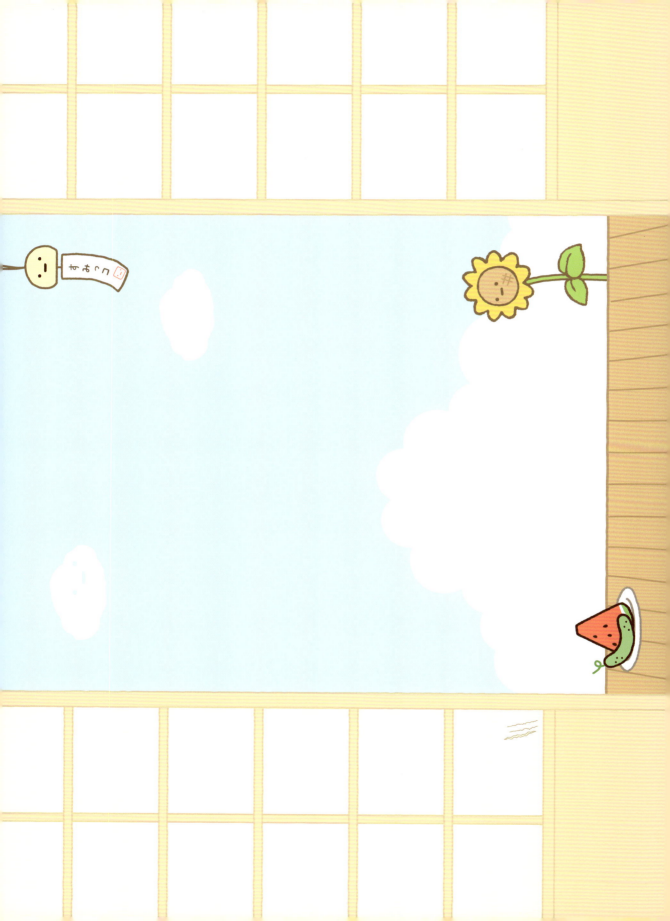

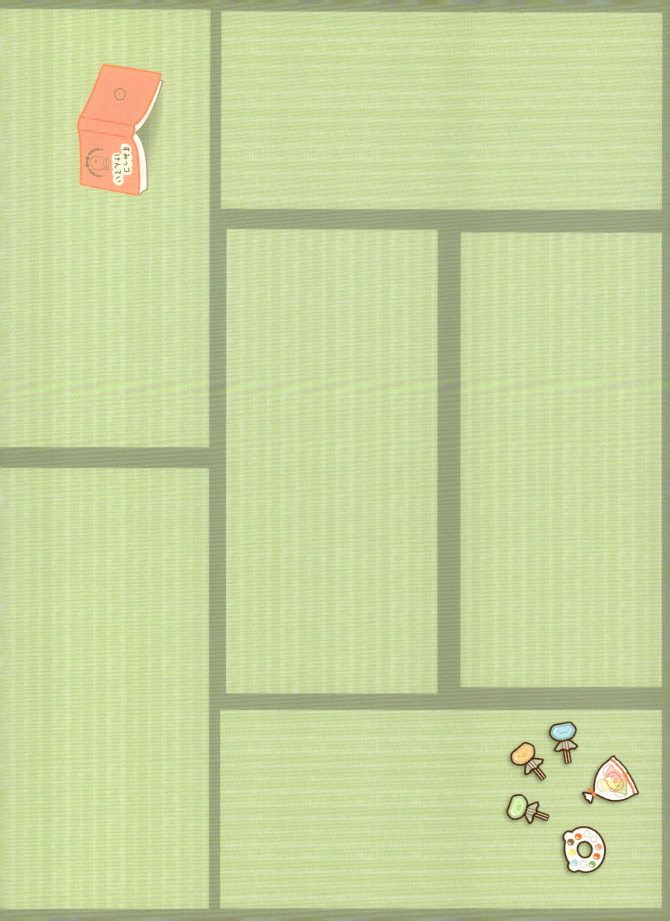

みてくれて ありがとう♪

Good!!

SUMIKKOGURASHI

IT'S FUN TO SPEND TIME WITH EVERYONE IN THE CORNER.

編集後記

楽しいとき かなしいとき
なにか話をきいてほしいとき。

どんなときでも いつも一緒にいてくれる てのりぬいぐるみ
やさしさと楽しさで むかえてくれる ぬいぐるみ絵本
細部までこだわりぬいた かわいさが元気をくれる おきがえすみっコ
どんな場所も すてきにしてくれる シーンぬいぐるみ
などなど…

「すみっコぐらしコレクション」には ひとつひとつにあたたかみがある。
そんなあたたかさを伝えたくて この本をつくりました。

きゅんとする すみっコには出会えましたか?

すみっコぐらしの情報は こちらから

＼ すみっコぐらしの最新情報が すべてわかる公式アプリ ／
すみっコぐらし通信（アプリ版）
http://www.san-x.co.jp/sumikko/app/

＼ すみっコぐらし オフィシャルサイト ／
すみっコぐらし通信
http://www.san-x.co.jp/sumikko/

すみっコぐらし公式ツイッター
https://twitter.com/sumikko_335

staff

撮影	岡 利恵子・サンエックス株式会社
デザイン	前原香織
編集協力	よこみぞゆり・しろいおもち・川﨑聖子・西田愛実・酒田理子・あぼかど・桐野朋子（サンエックス株式会社）
小物協力	株式会社リーメント　©2019 RE-MENT
校閲	株式会社 文字工房燦光
取材・編集	上元いづみ

※掲載している情報は2019年4月現在のものです。時期によっては販売が終了している商品もあります。
※「すみっコぐらしコレクション」の発売元はすべてサンエックスです。（一部限定商品を除く）

すみっコぐらしコレクションBOOK

主婦と生活社　編
編集人　殿塚郁夫
発行人　倉次辰男
発行所　主婦と生活社
　　　　〒104-8357
　　　　東京都中央区京橋3-5-7
　　　　編集　03-3563-5133
　　　　販売　03-3563-5121
　　　　生産　03-3563-5125
　　　　ホームページ　http://www.shufu.co.jp/
印刷・製本　図書印刷株式会社

SAN-X ホームページ　http://www.san-x.co.jp/
©2019 San-X Co., Ltd. All Rights Reserved.

＊製本にはじゅうぶん配慮しておりますが、落丁・乱丁がありましたら、小社生産部にお送りください。送料小社負担にてお取り替えいたします。
＊Ⓡ本書の全部または一部を複写複製（電子化を含む）することは、著作権法上の例外を除き、禁じられています。本書をコピーされる場合は、事前に日本複製権センター（JRRC）の許諾を受けてください。また、本書を代行業者等の第三者に依頼してスキャンやデジタル化することは、たとえ個人や家庭内での利用であっても一切認められておりません。

＊JRRC（https://jrrc.or.jp/
Eメール：jrrc_info@jrrc.or.jp ☎ 03-3401-2382）

©主婦と生活社 2019
Printed in Japan　ISBN978-4-391-15329-3